35209737R00062

Made in the USA
San Bernardino, CA
08 May 2019